NO LLORES,

NO RUEGUES

Una guía paso a paso sobre como

lidiar con la ira

LYNNETTE C. ANDERSON

ISBN: 978-1-7331080-2-7

INDICE

INTRODUCCIÓN

Una característica sobresaliente de los humanos es el hecho de que somos seres emocionales. Tenemos una gran variedad de emociones que nos hacen actuar y reaccionar de diferentes maneras. Muchas veces, estas emociones son fundamentales porque afectan la forma en que vivimos nuestras vidas y también afectan la forma en que interactuamos con otras personas.

Aunque es normal que todos los humanos sientan estas emociones, sin embargo, es importante entenderlas. Para comprender estas emociones, tendrá que tomarse un tiempo para entenderse de una forma personal. Muchas veces, estas emociones son personales, y es por eso que debemos prestarles atención.

En este libro, veremos una de las emociones más incomprendidas que sentimos como humanos: la ira. Un error muy común sobre la ira es el hecho de que la mayoría de las personas afirman que no es saludable. Bueno, la ira es una emoción muy saludable, y solo se vuelve poco saludable cuando no es controlada.

Si alguna vez ha conocido a alguien con problemas crónicos de ira, se preguntaría por qué esa persona reacciona de esa manera. Al final de este libro, habrá recibido una introducción adecuada al

1

manejo de la ira. También le enseñaré varios consejos prácticos que pueden usarse para tratar los problemas de la ira y también le ayudará a mantener buenas relaciones con los demás.

Consecuencias De La Ira Crónica

Hay muchos efectos negativos que la ira explosiva puede tener en una persona. Afecta la salud, las relaciones y el estado de ánimo general. Una persona con problemas crónicos de ira a menudo se arrepentirá después de ciertas acciones que a menudo ocurren en el momento.

La ira se torna crónica cuando no puede pensar antes de actuar en una situación tensa. Como uno de mis mentores de mi infancia solía decirme,

"Si no puedes controlar tu ira, entonces serás fácilmente controlado por la gente". Cuando las personas descubren una debilidad en el control de la ira, tienden a aprovecharla al máximo. Una persona que no puede controlar su ira a menudo perderá el control en varias situaciones. Sin embargo, la buena noticia es que controlar la ira no es tan difícil como parece. La autoevaluación es muy importante porque ayuda a disminuir la velocidad durante esos momentos en los que normalmente actuaría de manera irracional.

¿Puedo Dejar De Enojarme Por Completo?

Desafortunadamente, la ira no puede ser eliminada por completo porque simplemente es una forma de transmitir un mensaje. La ira simplemente le dice que la situación en la que se encuentra es molesta o es una amenaza para su persona. El problema surge cuando no puede controlarse en momentos como estos.

La ira no puede ser eliminada, sin embargo, puede ser controlada y resaltaremos las formas vitales a través de las cuales se puede controlar. De esta manera, su reacción a las situaciones a su alrededor se volverá más reflexiva. Esto es genial porque le ayuda a entender el mensaje que está contenido en la ira en lugar de reaccionar de forma explosiva cada vez que la sienta.

La ira se vuelve un problema solo cuando su expresión lleva a hacerse daño a usted mismo o a los que lo rodean. Me he encontrado con personas que tienen conceptos muy erróneos sobre la ira. Uno de estos es que es saludable descargar su ira en ciertas situaciones. Algunas personas incluso llegan tan lejos como para recomendar una demostración de ira como una demostración de poder mediante la cual uno puede expresar su descontento con un evento o una persona.

Las personas con problemas de ira a menudo tratan de justificarla a través de varias interpretaciones mundanas. Sin embargo, como profesional en el campo, he descubierto que un mal genio nunca es la salida. De hecho, a menudo empeora más las cosas de lo que estaban.

Piénselo, la mayoría de las guerras que se iniciaron desde que comenzó el mundo se deben a la incapacidad del hombre para reducir su ira. Muchas veces, tendemos a creer que reaccionar de manera perjudicial envía un mensaje fuerte a las personas que le rodean. Cuando las cosas se salen de control y la "bestia" en usted se revela, es necesario domar a esa bestia.

Con el tiempo, he notado que las personas perciben que es más fácil desahogarse y tener mal genio. Sin embargo, la fuerza verdadera existe cuando puede mantener el control de sus emociones. Cuando sea capaz de controlar su reacción a esta emoción, vivirá una vida mejor. En este libro, le daré pasos muy prácticos con los que podrá entender la ira y manejarla de una manera efectiva.

Si conoce a alguien que siente que está fuera de sus manos y ha aceptado que se lo denomine temperamental, sepa que hay mejores maneras de expresar las emociones, y veremos dichas formas en los siguientes capítulos de este libro.

Otro error bastante común en el manejo de la ira es creer que está diseñado para ayudarle a reprimirla. Sin embargo, esto está lejos de la verdad; El objetivo no es asegurarle que no se enfadara más. Personalmente, creo que es imposible dejar ir la ira. Quiero decir, hay innumerables ejemplos de formas a través de las cuales la gente lo sacara de sus casillas. Por ejemplo podría estar conduciendo en su carril en el tráfico, y de repente un conductor imprudente abolle su vehículo.

¿Qué Hacer Cuando Surge una Situación como Esta?

Esta es una gran pregunta que debemos comprender. ¿Se supone que debe salir de su auto sintiéndose feliz de que alguien le haya chocado? ¡Por supuesto no! Nunca es saludable someter su ira. Más bien, el objetivo es asegurarse de que comprende el mensaje detrás de la emoción. En ese momento, es mejor que evalúe un rango de opciones y eventualmente opte por la que ofrezca el resultado más favorable.

Cuando entienda el mensaje que está detrás de la emoción, le resultará más fácil tratarla de manera efectiva. Esto en pocas palabras significa que puede lidiar con su ira sin perder el control. Cuando esto sucede, a menudo conduce a acciones lamentables que traen consecuencias muy desagradables.

Por otro lado, cuando sea capaz de controlar activamente su ira, su vida mejorará. Puede satisfacer sus necesidades en todo momento, y también le resultará mas fácil administrar los problemas. Un buen número de relaciones problemáticas sufren simplemente por la falta de control. Cuando entienda la emoción y, posteriormente, domine la reacción adecuada, le resultará más fácil manejar sus relaciones.

Las relaciones se fortalecen cuando logra domina el arte de manejar los conflictos de interés.

Roma no Fue Construida en un Día

El viaje hacia el dominio de una emoción como la ira no es corto. Se necesita tiempo y compromiso para garantizar el éxito. Con el manejo de la ira, tendrá que ponerlo en práctica constantemente para asegurar su dominio. Lo mejor de manejar su ira es que cada día le resultara más fácil.

No importa lo mal que crea que puedan ser sus problemas de ira, siempre hay una salida. Sin embargo, hay ocasiones en que se necesita buscar ayuda profesional, lo cual no es tan estresante como muchas personas creen. Simplemente necesita estar dispuesto a dejar ir el peso extra que viene con ser una persona temperamental.

¿Por qué Escribí este Libro?

Esta es una pregunta que me encanta preguntarme cada vez que escribo un libro. Me he encontrado con varios libros que hablan sobre el manejo de la ira y todo lo que tiene que ver con eso. También he leído numerosos artículos (tanto en línea como fuera de línea) sobre la importancia del manejo de la ira. Sin embargo, la mayoría de ellos provienen de la perspectiva de evitar o aceptar los errores de las personas y lidiar con ellos.

Este proyecto está centrado en individuos que parecen ser verbalmente agresivos. Muchas veces, no vemos la agresión en las palabras de las personas y tendemos a pensar que la ira solo se manifiesta a través de acciones físicas. Este libro está hecho para usted, ya sea que ocasionalmente se salga de control o haya tenido momentos en que (moderadamente) causó algun daño físico como resultado de su ira. Este libro también esta hecho para cualquier persona que esté aterrorizada de su propia ira. Entiendo cómo se ve la ira, el arrepentimiento, los nervios, la respiración profunda, la respuesta de huir o luchar, y mucho más.

Si se encuentra constantemente experimentando intensos sentimientos de ira, hostilidad y resentimiento hacia los demás, entonces este libro es para usted. Esto no significa que sea peor que las personas que no experimentan esos sentimientos; solo significa que necesita cierta comprensión.

Además, si usted es alguien que podría haber cometido actos de agresión física hacia otros como resultado de su ira, este libro también es para usted. Muchas veces no dudamos en reprender a las personas por ser demasiado temperamentales. La verdad es que a la mayoría de las personas que se sienten así no les gusta necesariamente. Sin embargo, hay ciertos atributos a los que muchas personas se acostumbran subconscientemente a medida que pasa el tiempo. Muchas veces, llega al punto en el que asumen erróneamente que este tipo de respuestas son naturales o son parte de ellos.

Nunca existe un punto en el que alguien sea irredimible. Si presta atención a las personas que tienen problemas intensos de ira, descubrirá que esas reacciones explosivas a menudo ocurren como resultado de ciertos factores estresantes. No trato de excusar tal comportamiento; sin embargo, esos factores de estrés a menudo conducen a acciones que no son bien pensadas.

Además, cuando la ira no se comprende correctamente y luego se controla, puede conducir a una hostilidad hiperactiva (incluso con las cosas irritantes más insignificantes y mínimas). Cuando esto sucede con frecuencia, crea una etiqueta con la que las personas se dirigen a usted. Como ser humano, solo es cuestión de tiempo antes de que asuma constantemente que es su naturaleza actuar de dicha manera. Este tipo de naturaleza también se caracteriza por juicios rápidos y severos que a menudo conducen a arrepentimientos.

Reconociendo Los Problemas De La Ira

Los problemas de la ira a menudo surgen como resultado de la incapacidad de un individuo para controlar el resultado de su ira.

¿Recuerda que dije que la ira no es una emoción tan mala? Sin embargo, la reacción de un individuo es lo que realmente importa.

¿Alguna vez se ha sorprendido diciendo cosas que normalmente no diría como resultado de su ira? Es un patrón que se adhiere fácilmente si no le presta atención. Comienza con un juicio rápido y, posteriormente pasa al lenguaje corporal. Señales como miradas penetrantes, puños o mandíbulas apretadas, son solo algunos de los factores que se notan cuando comienza ese patrón.

En una etapa posterior, esto puede llevar a patrones pasivo-agresivos como el aislamiento social. En este punto, se vuelve cada vez más difícil para el individuo seguir instrucciones y reglas simples. Ese individuo a menudo es provocado por la autoridad incluso cuando está a su favor.

Cuando esto sucede, tal individuo se encuentra frecuentemente desafiando a la autoridad. Esto posteriormente lleva a la demostración de desprecio y falta de respeto por aquellos en posiciones de poder. Muchas veces, no tiene nada que ver con la persona o la posición que tiene esa persona; es simplemente el resultado de la ira incontrolada.

Otro signo que se manifiesta en personas que no tienen control sobre su ira es el uso de lenguaje abusivo. Si siempre usa palabras ásperas (incluso a la menor provocación), es posible que deba prestar atención a su respuesta a las emociones. Las personas que usan lenguaje abusivo lo hacen en un intento por intimidar a otras personas y demostrar algún tipo de "poder".

Lo que pasa con la ira excesiva es que la mayoría de las personas saben que la padecen. De hecho, a menudo son conscientes de que su reacción a la ira a menudo tiene consecuencias negativas; Sin embargo, la mayoría de las personas asumen falsamente que no pueden evitarlo.

Efectos De La Ira

Otro malentendido común cuando se trata de problemas de ira es que las personas usan sustancias como un medio para lidiar con ellos. Varias sustancias, como las drogas y el alcohol, se usan para mantener la calma. Esta nunca es buena opción (incluso si logran calmarle en ese momento). La dependencia de estas cosas puede llevar a más complicaciones en su salud. Por lo tanto, lo mejor es mantenerse alejado de esas substancias. Más adelante en el libro, veremos formas saludables de lidiar con la ira.

Hay varias razones por las que la ira se considera mala; es una emoción que puede causar consecuencias negativas cuando no se maneja adecuadamente. Cuando la ira se sale de control, puede llevar a varias consecuencias negativas.

Para concluir la parte introductoria de este libro, echemos un vistazo a algunas de las consecuencias de la ira incontrolada:

Tiene Efectos Negativos En Su Salud Física.

La ira, cuando no está controlada, puede afectar su salud física. Esto se debe a que causa que funcione con altos niveles de estrés. Cuando el cuerpo sufre constantemente de estrés causa envejecimiento, entre otras cosas. La ira no controlada también puede hacer que las personas se vuelvan más susceptibles a ciertas condiciones como resultado de un sistema inmunitario debilitado.

Tiene Efectos Negativos En Su Salud Mental.

Los ataques constantes de ira incontrolada eventualmente llevan al agotamiento de su energía mental. Cuando esto sucede, tiene varios efectos negativos en su cerebro. La ira incontrolada puede nublar su pensamiento y hacer que sea menos productivo. Esto lleva eventualmente a un aumento en la carga de trabajo, junto con un estrés posterior que también es malo para su salud mental.

Afecta Negativamente La Forma En Que Se Relaciona Con Los Demás.

Cuando la ira no se controla, puede hacer que las cosas se salgan de control como resultado de una reacción emocional. Cuando esto sucede, se tiende a ver cada punto de diferencia como un problema. Muchas veces, nuestras diferencias nos ayudan a mejorar, para mí, me ha resultado saludable aprender de la crítica constructiva. Sin embargo, si fuera alguien con problemas de ira, con frecuencia podría ofenderme con tales gestos.

Espero que esta introducción haya arrojado algo de luz sobre el tema. El objetivo es asegurarle de que entienda totalmente lo que es la ira y, posteriormente, descubrir cómo tratarla de manera efectiva para que no tenga efectos negativos en su vida.

CAPÍTULO 1

EXPLORANDO LA IRA

E que hay detrás de ella. Esta parte expone las l objetivo de este capítulo es explorar la ira y todo lo verdades sobre la ira. He recibido varias personas que me han enviado mensajes sobre ciertas percepciones que podrían haber escuchado en un momento u otro. Este capítulo se dedicará a responder todas sus consultas y afirmar las que son verdaderas.

Antes de seguir adelante, permítame aclarar que la ira suele ser una máscara para otros sentimientos. La ira puede ocurrir como resultado de un trauma de una experiencia horrible en el pasado; sin embargo, es más comúnmente asociada con el estrés. Estos factores pueden hacer que un individuo sea más susceptible perder el control.

La mayoría de las veces, carecemos de control sobre la ira porque no la entendemos. Otras veces, la ira ocurre como resultado del miedo, el dolor, la vergüenza, la inseguridad y muchos otros sentimientos similares. La razón por la que se enojó y exploto después de que alguien le dijera algo no es por culpa de la ira en sí. Después de una revisión más detallada, puede darse cuenta de que la persona tocó un tema del cual no está seguro. Es mejor que se asegure de que comprende sus emociones y puede distinguir unas de otras. Este reconocimiento le ayudará a lidiar efectivamente con la situación.

En la mayoría de los casos, la ira se utiliza para enmascarar los sentimientos reales de las personas. Las personas que crecieron sintiendo que no es correcto expresarse pueden terminar usando la ira para enmascarar sus verdaderos sentimientos. Como seres humanos, es crucial que se exprese adecuadamente. Cuando pueda hacer esto se conocerá a sí mismo y este conocimiento le ayudará a mejorar.

Cuando pueda reconocer sus fortalezas, también lograra identificar sus debilidades más fácilmente y podrá trabajar en ellas. Cuando no reconoce sus debilidades, se convierten en manifestaciones subsiguientes de ira no controlada. La falta de control que se produce durante la ira también puede deberse a problemas de salud subyacentes, como el estrés constante y la depresión.

Para lidiar efectivamente con la ira no controlada, debe asegurarse de volver a conectarse con sus emociones. De esta manera, señalará con precisión cuál es el problema y lo solucionará en lugar de desahogarse de forma incorrecta.

Reconociendo La Ira (No Controlada)

Como se mencionó antes, la ira a menudo se manifiesta como resultado de ciertas emociones que pueden expresarse y manejarse de la manera correcta. Por lo tanto, puede ser difícil diferenciarlas.

Aunque está bien expresar estas otras emociones, no está bien perder el control y expresarlas como ira.

Hay ciertos rasgos que pueden ayudarle a reconocer que su ira ha ido más allá de lo normal. Yo describiría estos rasgos y los llamaría como las características de la ira. Echemos un vistazo a algunos factores únicos que pueden ayudarle a descubrir que su ira se está saliendo de control.

1. Cuando La Ira No Permite La Expresión De Otras Emociones

Muchas personas tienden a malinterpretar el verdadero significado de ser fuerte. Hay personas que creen que la manifestación de la ira es saludable. De hecho, algunas culturas han atribuido la emoción a la fuerza y elogian a las personas que se enojan como una forma de "mostrar" fuerza y precisión. Sin embargo, esto es un error que está muy lejos de ser verdad. Es común ver a las personas reemplazar emociones como el miedo o la culpa por la ira para evitar parecer débiles ante los demás. La verdadera fortaleza radica en el conocer sus emociones y en la canalización y expresión adecuadas de las mismas. Cuando le resulta difícil expresar otras emociones aparte de la ira, entonces hay un problema. Las emociones son salidas que pueden usarse para expresar cómo se sientes acerca de diversos eventos o circunstancias que le rodean. Cuando no puede reconocer y aplicar estas otras emociones, es posible que le resulte difícil controlar su ira.

2. La Ira no Compromete

Muchas veces, la ira surge de la incapacidad de un individuo para reconocer el punto de vista de otras personas. Cuando le resulta difícil conceder la derrota o aceptar que está equivocado, puede que tenga problemas de control de la ira. Muchas veces, las personas usan la ira como una forma de hacer las cosas de la manera que quieren que sucedan. Esto se convierte en la única opción cuando se es alguien que teme fallar o ser vulnerable. Si siempre desea que las cosas salgan bien y se siente mal cuando no es así, es posible que deba autoevaluarse. ¿Cuál es la razón de este tipo de emoción? ¿Es porque es una persona orientada a objetivos que trabaja tanto y espera el mismo tipo de resultados o es simplemente como resultado del ego?

Este es el tipo de preguntas que tendrá que hacerse durante el proceso de autoevaluación para comprender adecuadamente sus emociones.

3. La Ira Hace Que Una Persona Se Sienta Intimidada Por Diversas Opiniones

Un individuo que encuentra difícil ver las cosas desde el punto de vista de otras personas seguramente verá cada opinión opuesta como un desafío. Si se siente intimidado por el hecho que está equivocado, entonces hay un problema. Necesita mirar hacia adentro y descubrir por qué se siente así. Puede deberse a una baja autoestima y es un rasgo dañino porque causa que se gane enemigos debido a la fragilidad de su ego. Es normal que cada persona tenga un sentido de orgullo y autoestima. Sin embargo, si llega al punto en que siente la compulsión de tener siempre el control allí se vuelve un problema.

Necesita estar abierto a diferentes perspectivas e ideas para controlar adecuadamente sus emociones. Las personas más fuertes no son las que siempre necesitan tener el control, el control se logra cuando puede entender las perspectivas de las personas y aprender de ellas. No solo le ayuda a controlar sus emociones, sino que también le ayuda a aprender más y a desarrollar relaciones más fuertes en todas las áreas de su vida.

Mi objetivo para todos los lectores es garantizar que se controle la intensidad y frecuencia general de los arranques de ira. Esto puede hacerse asegurándose de que se concentre en entender las emociones como lo que realmente son. La ira no se puede evitar, pero puede aprender a resolver situaciones sin que escalen. Al hacer esto, eventualmente le resultará fácil expresar su ira de manera controlada. Muchas personas se vuelven irracionales cuando se enojan. Esto es muy perjudicial para quienes lo rodean y, a menudo, lo hace parecer una persona irrazonable que no puede relacionarse respetuosamente con los demás. La ira no controlada hace que las personas a menudo ignoren los aspectos positivos de su persona, ya que frecuentemente libera a la bestia que lleva dentro.

Es por esto que es primordial tener conciencia de las cosas que desencadenan la ira. También debe estar atento a las señales de advertencia que le recuerdan que está enojado. Esto le ayudará a asegurar el control de su enojo cuando llegue el momento. ¿Recuerda que dije que el proceso de controlar su ira requiere un dominio absoluto?

Debe prestar atención para asegurarse de dominar las señales de advertencia. Es imposible que su cuerpo estalle repentinamente de ira, siempre es un proceso gradual e involucra señales físicas y mentales.

Cuando sienta estas señales, puede evitar que la ira aumente. Los señales físicas pueden incluir: respiración acelerada, dolor de cabeza, apretar la mano y la mandíbula, necesidad de liberar energía y latidos cardíacos más rápidos, por mencionar algunas.

Cuando se estudian y comprenden las señales que se aplican cuando entra en su "modo ira", le ayudará a controlarse mejor a medida que surjan más situaciones.

CAPÍTULO 2

RECONOCIENDO LOS PATRONES

U n hombre sabio dijo una vez que si puede contar hasta cinco antes de tomar una decisión, será más probable que tome una mejor decisión. Pensar en las consecuencias es suficiente motivación para manejar la ira de una manera efectiva. Le ayuda a calmarse antes de reaccionar negativamente como resultado de otros factores.

La gente siempre encuentra excusas para su ira. Escucha sobre "el hombre en el tráfico que cambió de carril repentinamente" o " la mujer que estaba perdiendo su tiempo en el mostrador". Hay varios escenarios que se pueden imaginar; sin embargo, la mayoría (casi todos) son simplemente patrones negativos que eventualmente conduzca a un arranque de ira. Cuando se trata de controlar su ira, lo que realmente importa es cómo reacciona a la situación. Escucho a muchas personas hablar sobre la situación y lo imposible que es no perder el control.

La mayoría de las veces, las cosas que causan su ira no son reales. Mayormente vienen como ideas en la mente del perceptor y estas ideas surgen como resultado de ciertas razones. Veamos 4 de ellas a continuación:

Saltando A Conclusiones

Los arranques de ira a menudo son causados por conclusiones que a menudo saltan sin consideración previa. Estas conclusiones son el resultado de la creencia de que tal individuo sabe lo que piensan las otras partes involucradas. Por ejemplo, alguien golpea erróneamente a "X" mientras corre y luego, "X" decide correr detrás de la persona para devolverle el favor. Sin embargo, "X" no sabe que la otra persona tiene una discapacidad visual y no lo vio.

Hay miles de ejemplos similares que tienen lugar en nuestras vivencias diarias. Tendemos a asumir lo peor y tomar decisiones basadas en estas suposiciones. He estado en situaciones en las que no podría defender mis acciones sin sonar como una persona mentirosa. Estas cosas suceden de vez en cuando y es por eso que debe evitar saltar a conclusiones.

La Rigidez De La Mente O Las Percepciones.

¿Alguna vez ha conocido a alguien que estaba convencido de que las situaciones deben suceder de una manera particular y que cualquier otra cosa es considerada incorrecta?

La rigidez de la mente también tiene que ver con tener nociones preconcebidas basadas en sucesos pasados.

Por ejemplo, digamos que vive en el mismo edificio que alguien con ceguera parcial e imaginemos que de alguna manera no nota su condición. También se das cuenta de que esta persona frecuentemente le roza los hombros al pasar por la escalera. Lo correcto es hablarlo de forma respetuosamente con la persona. Sin embargo, una persona con problemas de ira puede creer que la persona los está golpeando adrede para irritarle constantemente.

Muchas veces, las personas tienen ciertas ideas en la cabeza sobre cómo deben actuar las personas y, en el momento en que su realidad no coincide con esta visión, se crea un problema para ellas. Es por esto que es crucial tener una mentalidad flexible acerca de las personas y las cosas que le rodean. Cuando logre hacerlo notara que no se encontrará haciendo falsas generalizaciones sobre situaciones que posteriormente afectarán la forma en que reacciona.

Sobrerreaccionar

Hay personas que siempre buscan oportunidades para mostrar su ira. Parece que este tipo de personas a menudo tienden a acumular emociones negativas como el resentimiento. Siempre aconsejo a las personas que dejen salir sus emociones tan pronto como las sienten. La acumulación de emociones negativas conduce a una sobrerreacción sobre las cosas más leves.

Las personas que reaccionan de forma exagerada sobre los aspectos negativos a menudo les resulta fácil pasar por alto lo positivo. Tienden a enfocarse en las cosas que no funcionan y en su mayoría ignoran aquellas que si funcionan.

Culpando a Otros

Otra característica común de las personas que no pueden controlar el resultado de su ira es que tienden a culpar a todos y todo por sus acciones. A menudo atribuyen su arranque de ira a fuerzas externas sin darse cuenta de que están en el asiento del conductor de sus acciones.

Para deshacerse de las respuestas tóxicas cuando se enoja, necesita ser dueño de sus acciónes. Al asumir la responsabilidad de su vida, notara que tomará decisiones informadas como resultado de ello.

Para obtener un completo control de sí mismo cuando está enojado, debe asegurarse de que toma el control de su entorno. Ya que conoce las cosas que lo hacen reaccionar de ciertas maneras, es importante que evite los aspectos negativos y se centre en lo positivo.

Cuando entiende los efectos de los eventos estresantes en su salud, puede asegurarse de mantenerse alejado de este tipo de situaciones para garantizar su propia seguridad mental. Intente lo más que pueda mantenerse alejado de las personas, lugares y situaciones que podrían sacar lo peor de usted. Este es un paso crucial que debe tomar para controlar activamente su entorno y las cosas que permite en su mente.

Controlar su entorno no es una solución total, pero ayuda. Si puede aprender a controlarse a sí mismo, así como a su entorno, le aseguro que estará en el camino de dominar el autocontrol total durante los momentos de ira. De esta manera, es menos probable que tome decisiones apresuradas que eventualmente pueda lamentar en el futuro.

Cuando preste suficiente atención a su rutina diaria, identificará las diversas actividades, personas, lugares, eventos y otros factores que le ocasionan problemas. Por ejemplo, si tiende a sentirse incómodo durante el tráfico, puede decidir escuchar sus podcasts favoritos. Al hacer esto, puede evitar los problemas asociados con el tráfico. Alternativamente, puede elegir evitar salir cuando hay mucho tráfico.

CAPÍTULO 3

LIDIANDO CON EL COMPORTAMIENTO ANTISOCIAL

"Antisocial" y, a menudo está relacionado con Hay varias formas de describir el término acciones que están en contra de las normas de la sociedad. El comportamiento antisocial tiene que ver con el incumplimiento constante de las reglas, la mentira, el robo, las formas de agresión física y muchas más.

Una característica común que es pertinente al comportamiento antisocial es el hecho de que causa confrontación frecuente. Esto sucede como resultado de la dificultad de un individuo para seguir las reglas generales que guían la coexistencia pacífica de la sociedad.

El comportamiento antisocial también hace que los individuos interactúen de una manera confrontacional. La mayoría de las veces, este tipo de personas a menudo intentan transmitir un mensaje siendo argumentativos o agresivos.

Otro factor muy importante cuando se trata del comportamiento antisocial es el hecho de que causa que un individuo pierda su sentido de humanidad. Hace que las personas sientan poco o ningún remordimiento cuando causan dolor a los demás. Las personas con comportamiento antisocial también tienen poco o ningún respeto por la verdad. Simplemente les resulta más fácil decirles a todos lo que sea que este en su mente, o lo que la gente necesita escuchar.

Además, la conducta antisocial también causa que los individuos se involucren frecuentemente en altercados verbales o físicos. Esto sucede como resultado de las cuatro razones que mencioné en la sección anterior. Las personas que tienen comportamientos antisociales a menudo tratan de compensar sus deficiencias buscando emoción especial y diversión. También hay un patrón de promiscuidad sexual y dificultad de mantenerse comprometidos en las relaciones porque no están interesados en asumir responsabilidades.

Las personas con historial de comportamiento antisocial tienden a actuar principalmente en función del impulso. Esto sucede como resultado de la inestabilidad en sus vidas que se debe a su incapacidad para comprometerse con las responsabilidades personales.

Como Lidiar Con Ello

Con estas características negativas, puede preguntarse si existe una redención para las personas con patrones de comportamiento antisocial. ¡La respuesta es sí! En este capítulo, analizaremos algunas formas de lidiar con el comportamiento antisocial tanto en usted como en otras personas que le rodean.

El primer paso cuando se trata de lidiar con el comportamiento antisocial es asumir la responsabilidad. Muchas veces, las personas se avergüenzan demasiado de sus acciones, por lo que simplemente deciden continuar de esa manera. A menudo usan la violencia y la fuerza para pasar por las actividades diarias. Sin embargo, simplemente aprendiendo a aceptar la responsabilidad por sus acciones, está en el camino a la redención.

Cuando entienda que está a cargo de su comportamiento, actuará posteriormente en consecuencia. Las personas que muestran comportamientos antisociales a menudo culpan a otros factores de sus acciones. Para poder enfrentarlo de una manera efectiva, deberá mantener su comportamiento dentro de los estándares sociales aceptables.

Aunque esto no es tan fácil como parece. Cuando demuestre conscientemente un sentido saludable de respeto por las normas sociales, se encontrará en el lado correcto de las cosas. Para eliminar el comportamiento antisocial, los individuos también deben ser conscientes de los derechos de los demás. Esta conciencia causa gradualmente una mejora significativa en la manera en que dichos individuos se relacionan con el mundo.

La mayoría de los individuos antisociales tienden a tener problemas con la autoridad porque tienen problemas con las reglas y estructuras organizadas. Sin embargo, cuando esos individuos se vuelven más sensibles socialmente, les resultará más fácil coexistir pacíficamente con los demás. Para dejar de ser antisociales deben llegar a un entendimiento de que deben respetar los límites sociales prevalecientes. Esto es importante porque ayuda a establecer límites en las acciones de cada individuo y, posteriormente, hace que la sociedad sea más pacífica.

Al tratar con el comportamiento antisocial, es importante que reconozca y admita la existencia del problema en primer lugar. La verdad es que muchas personas tienen comportamientos antisociales y a menudo no lo reconocen, algunos simplemente lo llaman su

"naturaleza".

Además, debe prestar atención a los patrones del comportamiento no ético para revisar y, posteriormente, reducir la frecuencia de dichas acciones. Esto puede tomar tiempo; sin embargo, requiere un esfuerzo constante. Otro punto crucial cuando se trata de lidiar con el comportamiento antisocial es la confianza. Las personas que muestran signos de comportamiento antisocial simplemente necesitan reconocer que la confianza es la base de todo tipo de relación. Esta comprensión gradualmente hace que la persona tenga un cambio de corazón, especialmente cuando esa persona aprende que también es posible que sea tratada con amabilidad

Ahora, veamos algunos consejos útiles para alguien que está lidiando con un comportamiento antisocial:

- Hacer que el individuo entienda el hecho de que la legalidad es la razón por la que no hay anarquía en la sociedad. Por lo tanto, debe asegurarse de apegarse a las leyes para prevenir la anarquía.

- El individuo debe estar dispuesto a comprometerse a vivir dentro de las reglas de la sociedad. Este es un proceso gradual que requiere tiempo y compromiso, pero produce resultados sorprendentes.

- Una persona que muestra constantemente señales de comportamiento antisocial debe ver las consecuencias negativas de sus acciones.

- También es importante hacer que esa persona vea la importancia de ser sensible a las necesidades de los demás.

- Enseñar al individuo la importancia de la fiabilidad y la honestidad. La mayoría de los individuos con un historial de comportamiento antisocial no ven los beneficios de comportamientos positivos como estos.

- También es importante explorar los temores del individuo. La mayoría de las personas que actúan de manera lo hacen como resultado de ciertos temores que tienen. Es por esto que es importante explorar los miedos de uno mismo cuando se trata de confiar en los demás y ser confiable.

- Por último, es importante practicar el proceso de confiar en otra persona, ya que es un paso importante cuando se trata de lidiar con el comportamiento antisocial. Este último paso debe demostrarse aprendiendo a confiar en las personas que les importan.

Terapia cognitiva conductual

La terapia cognitiva conductual (TCC) es una forma de terapia que ayuda a las personas a cambiar los patrones de pensamiento negativos en positivos. El proceso es bastante complicado; sin embargo, es una excelente manera de lidiar con el estrés, el dolor, la ira, así como una gran variedad de otros desafíos de la vida.

Como seres humanos, la forma en que pensamos e interpretamos los eventos de la vida es fundamental para afectar nuestro comportamiento. Con la TCC, un individuo puede utilizar un enfoque orientado a objetivos para obtener control sobre su ira. Es una forma de psicoterapia que se enfoca en determinar cómo los pensamientos, las creencias y las actitudes de una persona afectan la forma en que una persona se siente. Posteriormente, esto puede afectar el comportamiento de dicha persona.

Los patrones de pensamiento negativo a menudo son subconscientemente recogidos desde la infancia. La mayoría de las veces estos pensamientos son causados por suposiciones disfuncionales que son alimentadas por ciertas interacciones. Muchas veces, estos patrones negativos se vuelven habituales para la víctima. La idea fundamental detrás de la TCC es el hecho de que los pensamientos y percepciones humanas influyen en el comportamiento. Esto significa que ciertos factores en su mente pueden hacer que tenga una visión distorsionada de la realidad.

La TCC demuestra, sin lugar a dudas, que los pensamientos de las personas pueden conducir a problemas psicológicos. Por eso es importante adoptar pensamientos positivos y útiles para obtener el control total de la mente. Con la TCC, los individuos forman nuevos hábitos para deshacerse de las condiciones físicas y / o mentales existentes. Se sabe que ayuda a las personas a lidiar con desafíos como el estrés, lo que eventualmente conduce a una ira incontrolada cuando no se maneja de forma adecuada.

El método fue inventado en los años 60 por Aaron Beck y se ha desarrollado constantemente desde entonces. Con el tiempo, se han formado diversas estrategias de afrontamiento para ayudar a las personas a enfrentar diversos tipos de desafíos cuando se trata de la salud mental.

Con el uso de la TCC, muchas personas han podido obtener claridad sobre varios problemas mentales. También ha ayudado a muchos a desarrollar un proceso de pensamiento sistemático que ayuda a desafiar los conceptos erróneos. Con la TCC, las personas pueden aprender a cambiar sus percepciones y, posteriormente, mejorar su situación mediante una comprensión adecuada.

La terapia cognitiva conductual se puede utilizar en personas de todas las edades y es una combinación de teorías básicas del conductismo y la cognición.

CAPÍTULO 4

PRESTANDO ATENCIÓN A LOS PENSAMIENTOS

M e parece interesante que el humano promedio tiene alrededor de 70,000 pensamientos diarios. Este es un número tremendamente grande y muestra la importancia de tener el control total de sus pensamientos (y las acciones posteriores). La mayoría de las veces, los pensamientos aparecen en nuestras mentes sin nuestro permiso.

La conciencia y la capacidad de reflexionar sobre el pasado y proyectar el futuro son características sorprendentes que distinguen al ser humano de otras creaciones. La conciencia es un gran regalo porque, a través de nuestra de ella, somos capaces de controlar nuestros pensamientos y, en consecuencia, controlar nuestras vidas como resultado. Por lo tanto, los pensamientos pueden ser el mejor amigo del hombre o su peor enemigo (dependiendo de qué tan bien se usen).

Lo que está dentro de su mente es muy importante porque controla el mundo externo y su experiencia en él como un ser humano. Su percepción del mundo es un claro reflejo de las actividades que se desarrollan en Su mente. Esto significa que para que pueda ver cambios positivos en su vida, necesita corregir sus pensamientos.

Si siempre tiene pensamientos sobre el miedo, el odio o los sentimientos de juicio, puede convertirse en la realidad a la que se enfrenta. Lo cierto es que el mundo sigue siendo el mismo; Sin embargo, la manera en que ve el mundo es realmente importante ya que determina la mayoría de las acciones que eventualmente toma en su vida.

Los pensamientos, sentimientos, así como, la actitud de las personas hacia el mundo es un factor significativo que controla las acciones de las personas. De hecho, la forma en que interpretamos los eventos que nos suceden y los que nos rodean es el resultado de pensamientos y sentimientos. He realizado exámenes y enseñado varias lecciones sobre la importancia de los pensamientos. Estas lecciones a menudo ayudan a las personas a ver cómo los pensamientos pueden influir en sus patrones de acción. Los patrones de acción positivos y negativos a menudo ocurren como resultado de los pensamientos que preceden a cualquier comportamiento.

Para que se produzca un cambio, es importante reconocer los tres pasos necesarios para que se realice el cambio cognitivo:

- El primer paso requiere que la persona preste atención a sus pensamientos y sentimientos. Este paso se realiza para comprender cómo esos pensamientos están ayudando o perjudicando a la persona. El proceso de autoevaluación es importante y debe pasar por este proceso con paciencia para obtener excelentes resultados.

- Después de prestar atención a su proceso de pensamiento, el siguiente paso es asegurarse de que puede reconocer los riesgos potenciales en su proceso de pensamiento. ¿Cuáles son las desventajas o ventajas de pensar y sentir de la manera en que lo hace? Al considerar esto, podrá determinar si su proceso de pensamiento ha sido útil para ayudarlo a convertirse en una mejor persona. Si descubre pensamientos y sentimientos perturbadores, necesita descubrir cómo mejorar eso.

- El último paso cuando se trata de un cambio cognitivo es la aplicación de lo que ha podido descubrir en los pasos 1 y 2. El tercer paso requiere que reduzca los riesgos de tener una vida negativa al reducir los pensamientos negativos. No es suficiente reducir los pensamientos negativos; Necesita reemplazar esos pensamientos por otros positivos. Una vez que pueda hacer esto, le resultará fácil utilizar métodos positivos de pensamientos y sentimientos para reducir el riesgo de llevar una vida negativa. Esto le dará una actitud positiva que posteriormente conducirá a acciones positivas.

Informes De Pensamiento

Este es otro concepto que se puede usar para observar objetivamente los pensamientos en un intento por compensar cuando sea necesario. Una regla de oro para los informes de pensamiento es la objetividad, es crucial que estructure este informe de una manera objetiva para obtener el mejor resultado. Los informes de reflexión pueden ocurrir con la frecuencia que desee. Sirve como una forma de acceder al tipo de pensamientos que controlan su mente y eventualmente controlan su cuerpo.

Cada acción que realiza como ser humano alguna vez fue un simple pensamiento. El proceso de los pensamientos para convertirse en acción es crucial en la relación mente-cuerpo y es la mente la que siempre comunica lo que el cuerpo debe hacer. Hay cuatro partes cruciales cuando se trata de estructurar informes de pensamiento objetivo.

- El primer paso del informe es una breve descripción de la situación que se está evaluando. Recuerde que la objetividad es fundamental para el éxito de este proceso.

- El siguiente paso es hacer una lista de los pensamientos que ocupan su mente. Esto es importante porque le ayuda a darse cuenta de las cosas en las que se enfoca su mente.

- Posteriormente, se compila una lista similar de sentimientos. Esto ayudará a comprender cómo se procesan estos pensamientos y el efecto posterior que tienen en la mente.

- Por último, también evaluaremos la lista de actitudes o creencias que surgieron como resultado de los pensamientos y sentimientos que se experimentaron.

El siguiente paso después de los informes de pensamiento es el proceso de evaluación. En este proceso, puede descubrir el tipo de pensamiento que le puede llevar a los problemas. Esto se conoce como "pensamiento de riesgo" e implica pensamientos de alto y de bajo riesgo. Los pensamientos de alto riesgo son aquellos pensamientos que es muy probable que lo expongan a problemas cuando ocurren. Por otro lado, los pensamientos de bajo riesgo a menudo producen un riesgo mínimo de meterse en problemas. Debe prestar atención a ambos tipos de pensamiento porque, en última instancia, dictan la calidad de su vida.

Es importante que sepa que los sentimientos se pueden expresar correctamente cuando las personas dominan las habilidades objetivas de autoobservación. No es algo que se domine rápidamente; se necesita tiempo y esfuerzo constante para dominar los sentimientos. Cuando pueda dominar sus sentimientos, le resultará más fácil prestar atención a los sentimientos de otras personas y responder en consecuencia.

Mencione estas cosas para explicar que la empatía es muy importante cuando se trata del manejo de la ira. Es importante que entienda cómo se siente y, posteriormente, lo transmita a la forma en que otras personas se sienten y su respuesta a sus sentimientos. Esta es una habilidad social muy importante que puede usarse para comprender y analizar cómo se sienten las personas en las interacciones diarias.

Esta comprensión hace posible que un individuo comprenda y muestre empatía hacia si mismo, junto con otras personas involucradas. Si desea desarrollar relaciones positivas, necesita aprender cómo responder o reaccionar a los sentimientos de las personas. Mucha gente muestra su insensibilidad cuando se trata de su relación con los demás.

Esto conduce a la acumulación de emociones negativas y para evitar esto, debe asegurarse de aprender a considerar los sentimientos de otras personas.

Introducción A La Resolución De Problemas

Muchas personas recurren a la ira como resultado de su incapacidad para resolver simples problemas. Esta parte del libro proporcionará a los lectores el conocimiento crucial que se necesita para deshacerse de las viejas formas de pensar y actuar. Veamos a continuación 6 pasos relacionados con la resolución de problemas.

1. Detente y piensa

La respuesta de "lucha o huida" en los humanos se puede usar eficazmente cuando las personas prestan atención a sus pensamientos, sentimientos y reacciones físicas. Cuando esté en una situación problemática (en la que puede sentirse tentado a reaccionar negativamente) es importante que se detenga y piense. Al prestar atención a los pensamientos y sentimientos, las personas pueden comprender mejor las señales de advertencia. Hay tres pasos importantes que las personas pueden usar para detenerse y pensar de manera efectiva:

- Estar en Silencio
- Estar Calmado y
- Conseguir algo de espacio.

Este proceso es muy importante porque ayuda a controlar la ira. Este tipo de control es perdido por aquellos que reaccionan emocionalmente a las cosas que les suceden. La técnica de detenerse y pensar puede usarse para problemas espontáneos, así como, problemas que les lleva horas a las personas intentar resolverlos. Cualquiera que sea el caso, cuando hace una pausa y piensa en ello, está obligado a obtener soluciones bien pensadas, positivas y productivas. 2. Describiendo el problema

Para tener éxito en este paso, las personas aprenden a contener el problema debido a que están conscientes de las señales de advertencia. También se caracteriza por la descripción objetiva del problema para asegurar que se pueda buscar una solución efectiva. Este paso es fundamental porque crea lo que yo llamo una "distancia objetiva" entre el individuo y el problema que enfrenta. Posteriormente, esto evita que esos individuos salten a conclusiones falsas.

3. Recopilación de información relevante

Este paso es muy importante porque ayuda a la persona a considerar cierta información que le ayudara a obtener mayor claridad. En este paso, la persona considera los hechos objetivos, los pensamientos y sentimientos de los demás, como también sus propias opiniones y creencias personales. Este paso es fundamental porque considera información crucial con la que se establece un objetivo final. Este paso ayuda a crear una meta para los que quieren salir de la situación (en lugar de una explosion emocional).

4. Evaluar opciones y consecuencias

En este paso, se requiere que la persona piense en tantas opciones posibles con las cuales se pueda resolver el problema. Esto es genial porque ayuda al individuo en cuestión a pensar en varias formas alternativas de resolver problemas. Después de tomarse el tiempo para considerar todas las opciones, también se hace para considerar las consecuencias de cada una de estas opciones.

5. Elegir, Planificar Y Ejecutar

Después del proceso de evaluar cuidadosamente las opciones, la persona elige la mejor opción posible de las disponibles. Después de que se haya hecho esta elección, se debe hacer un plan sobre cómo planificar la opción elegida.

Por último, la elección se ejecuta sin ninguna molestia.

6. Evaluar

El proceso de evaluación ayuda a la persona a determinar con precisión las opciones que tienen el mejor potencial para lograr su objetivo establecido. Recuerde que el objetivo principal es evitar el ciclo de conflicto. Una vez hecha esta elección, el siguiente paso consiste en implementar un plan de acción. Una vez implementado, finalmente se revisa la solución para asegurarse de que se tomó la decisión correcta.

CAPÍTULO 5 CONSEJOS PARA EL MANEJO DE LA IRA

El objetivo del manejo de la ira es asegurar que sus sentimientos se expresen de una manera saludable. Cuando haga esto, tendrá un gran control sobre su ira y la usará para hacer cambios positivos. La ira solo puede usarse de manera constructiva cuando aprende a identificar las cosas por las que está enojado. Cuando aprenda a hacer esto de forma regular, dominará el arte de resolver correctamente los problemas.

Es importante que descubra exactamente lo que le molesta y por qué razón se enoja. Esto le dará mayor claridad y le ayudará a descubrir las verdaderas razones detrás de su ira. Cuando logre hacer esto, le será más fácil encontrar una resolución a través de una acción constructiva.

Hay ocasiones en las que podrá notar que su ira comienza a salirse de control. En esos momentos es importante que tome un tiempo para calmarse. Esto es crucial porque le ayuda a pensar realmente sobre la situación y luego determinar cuál será su mejor reacción.

También es importante reconocer que la ira es momentánea. El darse cuenta de esto es importante porque le ayuda a luchar de manera justa mientras expresa sus preocupaciones. El respeto es importante y necesario, no importa cuál sea la situación. Por eso es importante que se asegure de no perder el respeto hacia las personas como resultado de su ira. Además de respetar a la persona, también debe asegurarse de respetar las opiniones de la otra persona. Como dije antes, la ira es momentánea y nunca es razón suficiente para perder relaciones vitales.

Muchas veces, la ira incontrolada ocurre como resultado de enfocarse en el pasado. Para obtener el control de la situación, debe centrarse en el presente y asegurarse de que entiende totalmente lo que está en juego. Los conflictos son realmente agotadores y pueden hacer que se canse. Esta es otra razón por la cual es importante que evite los conflictos como resultado de la ira incontrolada.

El perdón es una parte crítica del manejo de la ira. Necesita estar dispuesto a perdonarte a sí mismo, así como a otras personas para mantenerse feliz. Los rencores hacen que albergue emociones negativas que tienden a empeorar después de una provocación adicional. Cuando las personas se niegan a perdonar, las cosas empeoran y reducen la calidad de vida.

Las diferencias siempre están destinadas a ocurrir entre los humanos. Sin embargo, la forma en que un individuo responde a estas diferencias es crítica. Hemos examinado varias habilidades de resolución de conflictos en este libro; por lo tanto, no debe entrar en callejones que no le llevaran a ningún lado. Es mejor reconocer cuándo desconectarse y seguir adelante por el bien de su cordura. Este tipo de decisión surge como resultado de una autoconciencia adecuada que puede fortalecer aún más sus relaciones y su vida en general.

Ahora veamos algunos consejos que pueden ayudar a las personas a manejar adecuadamente la ira.

- Aprenda a expresar su ira de una manera no conflictiva. Asegúrese de mantener la calma mientras la expresa. Esta expresión debe hacerse con un objetivo en mente el cual ese expresar sus preocupaciones y necesidades. Mientras hace esto, es importante que considere los sentimientos de las otras personas involucradas.

- No hable cuando este enojado. De hecho, tómese el tiempo necesario para considerar las cosas que quiere decir. Un proverbio africano afirma que "las palabras son poderosas, una vez habladas, no se pueden recuperar". Asegúrese de que piensa antes de hablar y no al revés.

- La actividad física como el ejercicio (y si no puede hacer ejercicio, intente romper papel), puede ayudarle a reducir significativamente el estrés y, posteriormente, controlar la ira de manera efectiva sin lastimar a otras personas. Si percibe las señales que le informan que su ira está aumentando, necesita reenfocar su energía en la actividad física. Estas actividades no solo son agradables, sino que también son una excelente manera de mantenerle bajo control.

- No dude en tomarse un descanso de vez en cuando. Esto es importante porque le ayuda a mantener la calma y evitar el estrés.

- Si bien es importante averiguar sus factores desencadenantes (las cosas que lo hacen enojar), es de igual importancia que trabaje en la búsqueda de soluciones a los problemas en cuestión. La ira no soluciona nada cuando no intenta encontrar posibles soluciones.

- Se sabe que el humor es una excelente manera de liberar la tensión y alegrarse.

- Hay varias habilidades de relajación con las que puede calmar sus nervios y pensar en posibles soluciones a sus problemas. Las actividades como la respiración profunda, el yoga, escuchar música y muchos más pueden ser muy relajantes. La relajación le ayuda a deshacerse del estrés, que se sabe que es una de las principales causas de los problemas de ira.

- Además, es muy importante que entienda que hay ocasiones en las que necesita buscar ayuda profesional. Si ve que constantemente fracasa al tratar de controlar su ira, es posible que necesite hablar con un experto y pedirle ayuda. Saber cuándo debe buscar ayuda profesional es muy importante cuando se trata del manejo de la ira.

CONCLUSION

La vida es hermosa y está destinada a ser vivida al máximo. Por eso es importante dominar sus emociones para que puedan ayudarle a comprenderse mejor a sí mismo y a sus capacidades. Muchas veces, tendemos a reaccionar ante los eventos o las acciones de otras personas sin considerar realmente el gran esquema de las cosas.

Nadie sufre el dolor de la ira descontrolada como usted. Por eso es importante que no permita que la gente se meta en su cabeza tanto como para alejarse del camino. Muchas veces, nos esforzamos tanto por defender las explosiones de ira como una respuesta perfectamente normal para las cosas que nos suceden. Sin embargo, es mejor tomarse el tiempo necesario para entenderse a sí mismo, su entorno y sus reacciones en diversas situaciones.

Los humanos somos seres realmente poderosos; nuestra mente subconsciente es el asiento de la mayoría de nuestros pensamientos, recuerdos, hábitos, sentimientos, etc. La totalidad de su vida depende en gran medida del tipo de control que pueda ejercer sobre su mente subconsciente. Es importante que se conozca a sí mismo de forma correcta, ya que esto le ayudará a comprender sus factores desencadenantes y, posteriormente, aprenderá formas para responder mejor a ellos.

Para comprender la importancia de controlar su ira, debe observar las desventajas en relación con su salud física y mental. Si se siente tenso y está tentado a reaccionar de una manera poco saludable, le puede ayudar el respirar de manera constante y lenta. Esto llevara aire fresco a sus pulmones, lo que le indica a su cuerpo que se relaje.

¿Cuándo buscar ayuda profesional?

Aunque siempre he escrito sobre cómo puede ayudarse a sí mismo para superar los problemas de ira, no siempre es así. Hay personas que no logran deshacerse de los problemas de ira con el uso de estos métodos. Cuando se dé cuenta que estos métodos no parecen estar funcionando, es posible que necesite buscar ayuda profesional. Las personas suelen buscar el consejo y la experiencia de un profesional cuando la ira les causa problemas con la ley o con las personas que los rodean.

Nunca es mala idea buscar ayuda profesional. Aunque hay personas que lo ven como un signo de debilidad, es la mayor muestra de fuerza y la voluntad de mejorar.

Durante los últimos 20 años, he trabajado con grandiosos individuos a través del proceso de la TCC y otras formas de manejo de la ira. Estas personas han visto tremendos resultados sin el uso de ningún tipo de medicamento. Estas soluciones son fáciles de aprender y están basadas en una investigación en profundidad, junto con una aplicación práctica.

He descubierto que la ira a menudo es el resultado del miedo Por lo tanto, si puede enfrentar el miedo de manera efectiva, le resultará más fácil lidiar con otras emociones, incluyendo la ira.

Cuando pueda encontrar la raíz de la ira, podrá descubrir cómo puede canalizar su energía hacia cosas más positivas. Lo mejor de buscar ayuda profesional es que los programas están diseñados para que se realicen a su propio ritmo. Esto significa que no hay presión y que puede practicar y mejorar bajo sus propios términos.

Para finalizar, me gustaría que considerara algunas cosas:

- A los 90 años:

- ¿Quiere tener más recuerdos que lamentos?

- ¿Quiere sonreír y mirar hacia atrás a las grandes experiencias y personas que conoció en el camino?

- ¿Quiere tener gente a su alrededor que le ame y que le cuide?

La verdad es que todos queremos estas cosas. Muchas veces, tendemos a buscar soluciones complejas a los problemas más simples que enfrentamos como seres humanos. Cuando en realidad, la solución a la mayoría de nuestros problemas es simple y directa.

Va más allá del manejo de la ira o de querer ser visto como una persona saludable. Cuando entienda sus emociones y otros factores que le afectan, estará en el camino hacia una experiencia de por vida de libertad, amor, confianza, felicidad y muchos otros sentimientos positivos.

La ira crónica es una emoción muy peligrosa y no podemos permitirnos dejarla sin control. Esto se debe a que, aunque puede parecer que no es un gran problema; Conduce a otras complicaciones como la agresión y la depresión. La verdad es que nadie quiere parecer un monstruo a los ojos de los demás y es por eso que es imperativo para manejar efectivamente la ira.

Es una pena ver gente sufrir la vergüenza que viene con la falta de un manejo adecuado de la ira. Es mi deseo ver a las personas liberarse de la vergüenza, la culpa y la soledad que se producen como resultado de la ira. Es importante que considere a aquellas personas que ama y le interesan; obtener el control no es difícil cuando tiene las herramientas y la comprensión adecuada.

Al comienzo de este libro, tenía un objetivo en mente, un objetivo que se inspira constantemente en mi amor por la humanidad; un objetivo inspirado en la necesidad de ver menos personas convertidas en víctimas de pensamientos negativos y sabotajes de nuestra propia mente. Este objetivo está dirigido a ayudar a tantas personas como sea posible a superar los efectos paralizantes de la ira. Con el manejo de la ira, puede aprender a expresarla de manera positiva, productiva y saludable. Esto no solo mejorará la calidad de su salud mental, sino que también le ayudará a crear y fomentar relaciones increíbles a medida que avanza en su vida.

Mi Creencia Personal Es:

Cada persona, independientemente de las circunstancias, puede hacerlo mejor, vivir de manera productiva, con la capacidad de administrar su propia vida; Luego enseñar a las generaciones futuras a hacer lo mismo.

Si necesita ayuda profesional contácteme a través de mi página web. www.DontCryAndDontBeg.com

www.ingramcontent.com/pod-product-compliance
Lightning Source LLC
Chambersburg PA
CBHW060558100426
42742CB00013B/2604